Impressum
Verlag: BABADADA GmbH, Nedderfeld 112 , 22529 Hamburg
Geschäftsführer / Verlagsleitung: Harald Hof
Druck: Books on Demand GmbH, In de Tarpen 42, 22848 Norderstedt

Imprint
Publisher: BABADADA GmbH, Nedderfeld 112 , 22529 Hamburg, Germany
Managing Director / Publishing direction: Harald Hof
Print: Books on Demand GmbH, In de Tarpen 42, 22848 Norderstedt

学校

école

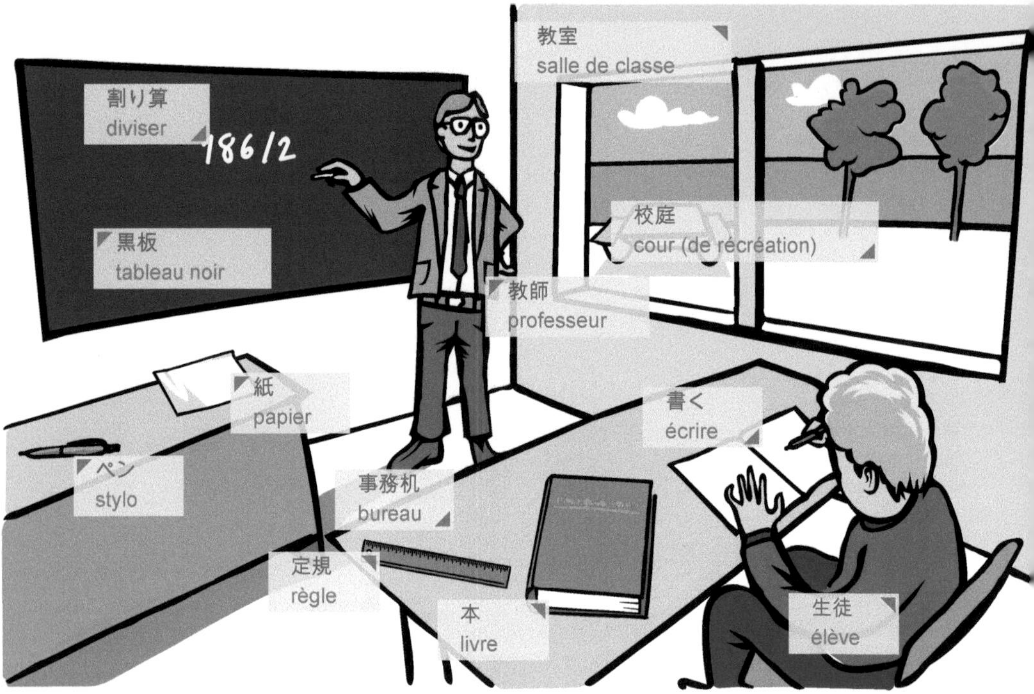
教室
salle de classe
割り算
diviser
186/2
黒板
tableau noir
校庭
cour (de récréation)
教師
professeur
紙
papier
書く
écrire
ペン
stylo
事務机
bureau
定規
règle
本
livre
生徒
élève

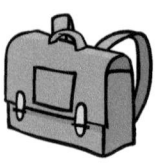

ランドセル

cartable

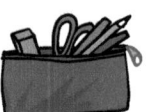

筆入れ

trousse

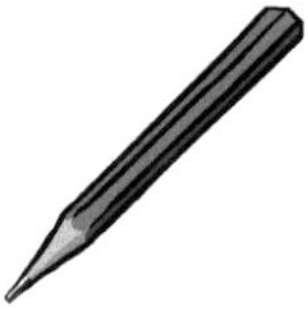

鉛筆

crayon

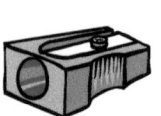

鉛筆削り

taille-crayon

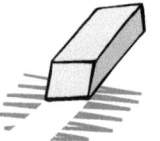

消しゴム

gomme

スケッチブック

carnet à dessin

スケッチ
dessin

絵筆
pinceau

絵の具箱
boîte de peinture

はさみ
ciseaux

接着剤
colle

練習帳
cahier d'exercices

宿題
devoirs

12

数
chiffre

2+2

足し算
additionner

5-2

引き算
soustraire

2×2

かけ算
multiplier

計算する
calculer

A

文字
lettre

ABCDEFG
HIJKLMN
OPQRSTU
VWXYZ

アルファベット
alphabet

hello

単語
mot

テキスト

texte

読む

lire

チョーク

craie

授業

leçon

学級日誌

livre de classe

試験

examen

通知表

certificat

制服

uniforme scolaire

教育

formation

百科事典

lexique

大学

université

顕微鏡

microscope

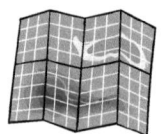

地図

carte

ごみ箱

corbeille à papier

学校 - école

旅行

voyage

ホテル
hôtel
Grand
ホステル
auberge
ROOMS
両替所
bureau de change
EXCHANGE
スーツケース
valise
自動車
voiture

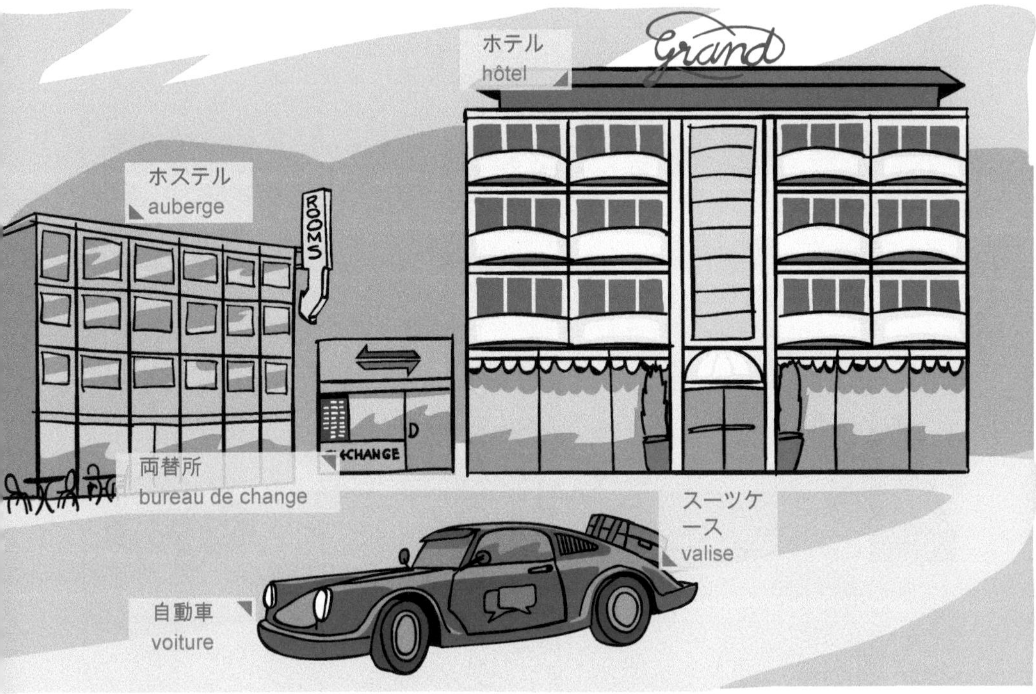

言語

langue

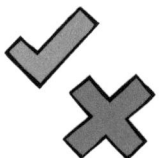

はい / いいえ

oui / non

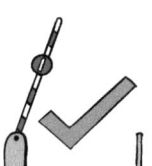

問題ない

d'accord

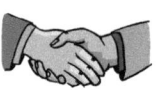

ハロー

Salut

翻訳者

interprète

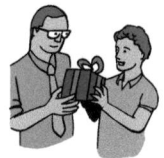

ありがとう

merci

...はいくらですか？

Combien coûte...?

わかりません

Je ne comprends pas

問題

problème

こんばんは！

Bonsoir !

おはようございます！

Bonjour !

おやすみなさい！

Bonne nuit !

さようなら

Au revoir

方向

direction

手荷物

bagages

バッグ

sac

リュックサック

sac-à-dos

お客様

hôte

部屋

pièce

寝袋

sac de couchage

テント

tente

旅行者情報

office de tourisme

ビーチ

plage

クレジットカード

carte de crédit

朝食

petit-déjeuner

昼食

déjeuner

夕食

dîner

チケット

billet

エレベーター

ascenseur

スタンプ

timbre

境界

frontière

税関

douane

大使館

ambassade

ビザ

visa

パスポート

passeport

輸送
transport

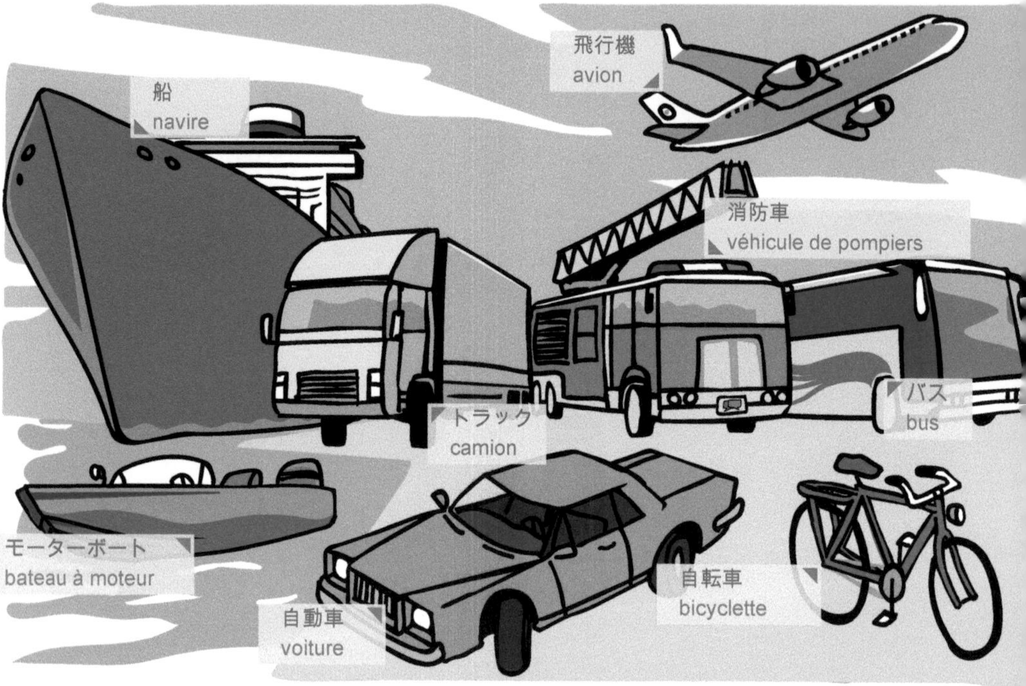

飛行機
avion

船
navire

消防車
véhicule de pompiers

バス
bus

トラック
camion

モーターボート
bateau à moteur

自転車
bicyclette

自動車
voiture

フェリー

ferry

ボート

barque

バイク

moto

パトカー

voiture de police

レーシングカー

voiture de course

レンタカー

voiture de location

カーシェアリング

auto-partage

レッカー車

voiture de remorquage

ごみ収集車

benne à ordures

モーター

moteur

燃料

essence

ガソリンスタンド

station d'essence

交通標識

panneau indicateur

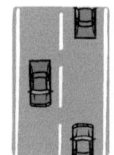

交通

trafic

渋滞

embouteillage

駐車場

parking

駅

gare

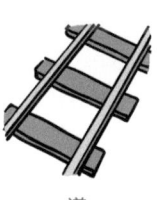

道

rails

列車

train

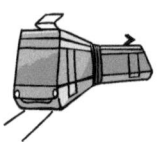

路面電車

tramway

車両

wagon

ヘリコプター

hélicoptère

空港

aéroport

タワー

tour

乗客

passager

コンテナ

conteneur

段ボール箱

carton

カート

chariot

カゴ

corbeille

離陸 / 着陸

décoller / atterrir

都市

ville

村

village

都心

centre-ville

家

maison

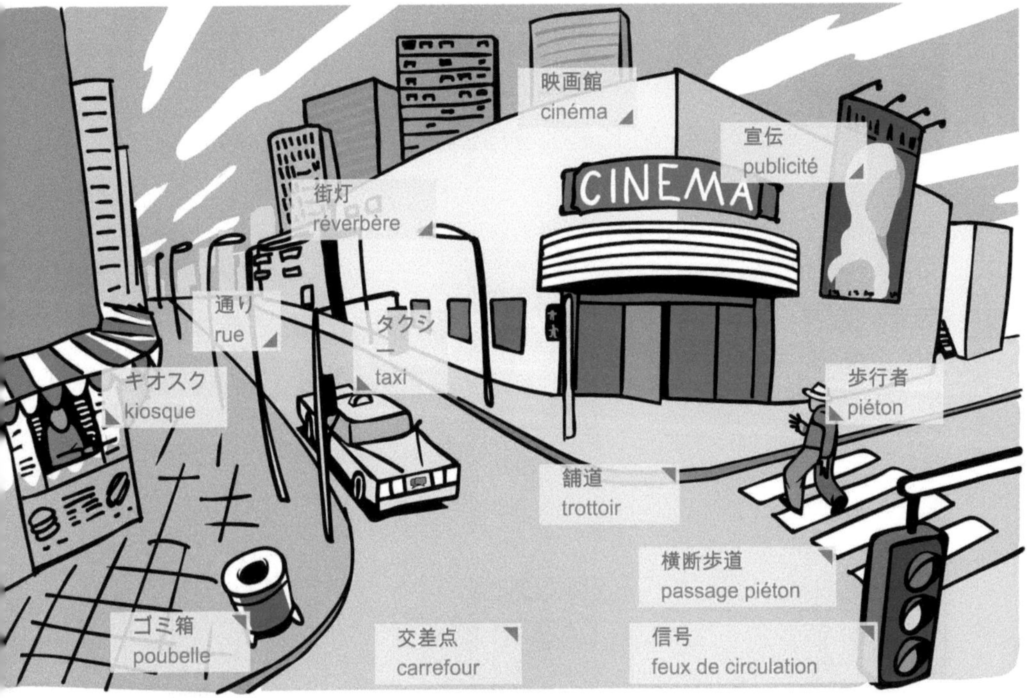

映画館
cinéma
宣伝
publicité
CINEMA
街灯
réverbère
通り
rue
タクシー
taxi
キオスク
kiosque
歩行者
piéton
舗道
trottoir
横断歩道
passage piéton
ゴミ箱
poubelle
交差点
carrefour
信号
feux de circulation

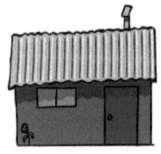

小屋

cabane

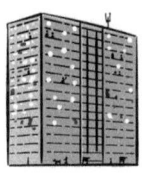

アパート

appartement

駅

gare

市役所

mairie

MUSEUM

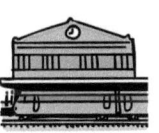

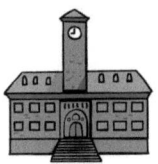

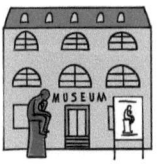

美術館

musée

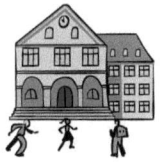

学校

école

大学

université

銀行

banque

病院

hôpital

ホテル

hôtel

薬局

pharmacie

オフィス

bureau

書店

librairie

ショップ

magasin

花屋

fleuriste

スーパーマーケット

supermarché

市場

marché

デパート

grand magasin

魚屋

poissonnerie

ショッピングセンター

centre commercial

港

port

公園

parc

ベンチ

banque

橋

pont

階段

escaliers

地下鉄

métro

トンネル

tunnel

バス停

arrêt de bus

バー

bar

レストラン

restaurant

ポスト

boîte à lettres

道路標識

panneau indicateur

パーキングメーター

parcmètre

動物園

zoo

スイミングプール

piscine

モスク

mosquée

農場
ferme

汚染
pollution

墓地
cimetière

教会
église

遊び場
aire de jeux

寺
temple

風景

paysage

葉
feuille

道標
panneau indicateur

道
chemin

草地
pré

石
pierre

木
arbre

ハイカー
randonneur

川
rivière

草
herbe

花
fleur

谷
vallée

山
montagne

湖
lac

森
forêt

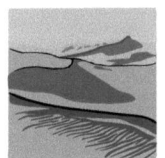

砂漠
désert

火山
volcan

城
château

虹
arc-en-ciel

キノコ
champignon

ヤシの木
palmier

蚊
moustique

ハエ
mouche

蟻
fourmis

ミツバチ
abeille

クモ
araignée

カブトムシ

coléoptère

蛙

grenouille

リス

écureuil

ハリネズミ

hérisson

ウサギ

lièvre

フクロウ

chouette

鳥

oiseau

白鳥

cygne

雄豚

sanglier

鹿

cerf

ヘラジカ

élan

ダム

barrage

風力タービン

éolienne

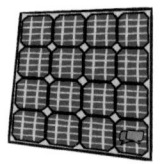

ソーラーパネル

panneau solaire

気候

climat

レストラン
restaurant

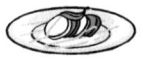

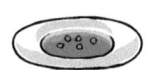

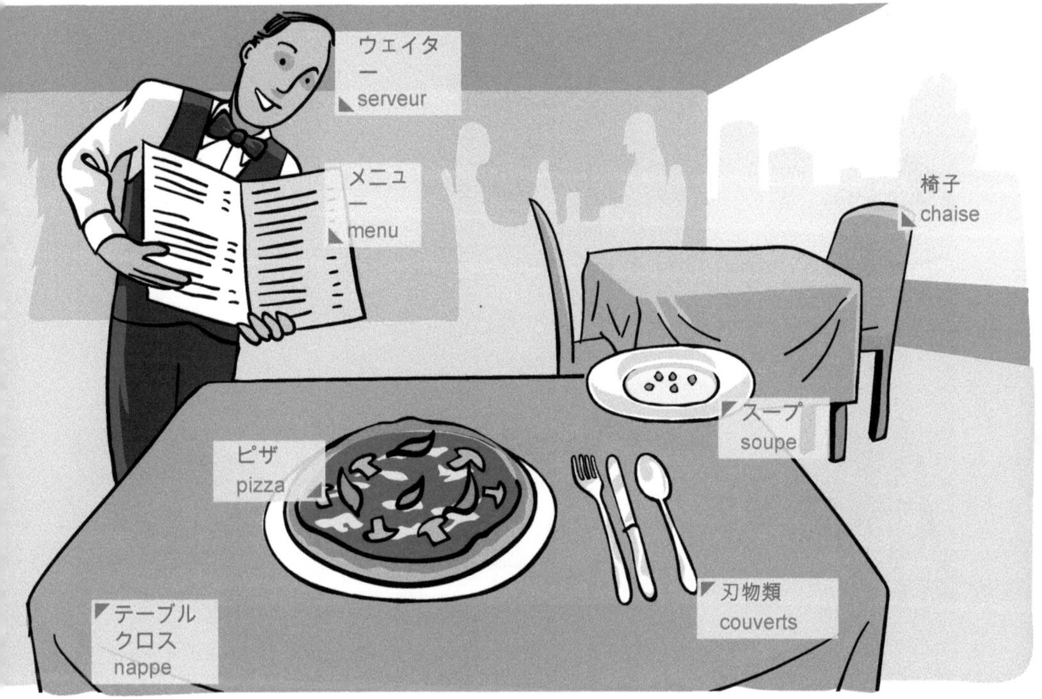
ウェイター
serveur
メニュー
menu
椅子
chaise
スープ
soupe
ピザ
pizza
刃物類
couverts
テーブルクロス
nappe

前菜
hors d'œuvre

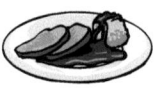

メインコース
plat principal

デザート
dessert

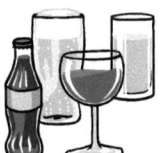

飲み物
boissons

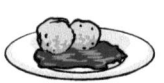

食べ物
alimentation

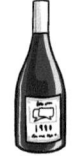

ボトル
bouteille

ファストフード

fast-food

屋台の食べ物

plats à emporter

ティーポット

théière

砂糖入れ

sucrier

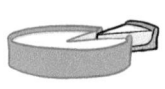

一人前

portion

エスプレッソマシン

machine à expresso

幼児用食事椅子

chaise haute

請求書

facture

トレー

plateau

ナイフ

couteau

フォーク

fourchette

スプーン

cuillère

ティースプーン

cuillère à thé

ナプキン

serviette

グラス

verre

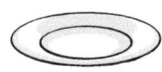

皿

assiette

スープ皿

assiette à soupe

受け皿

soucoupe

ソース

sauce

塩入れ

salière

ペッパーミル

moulin à poivre

酢

vinaigre

油

huile

スパイス

épices

ケチャップ

ketchup

マスタード

moutarde

マヨネーズ

mayonnaise

スーパーマーケット
supermarché

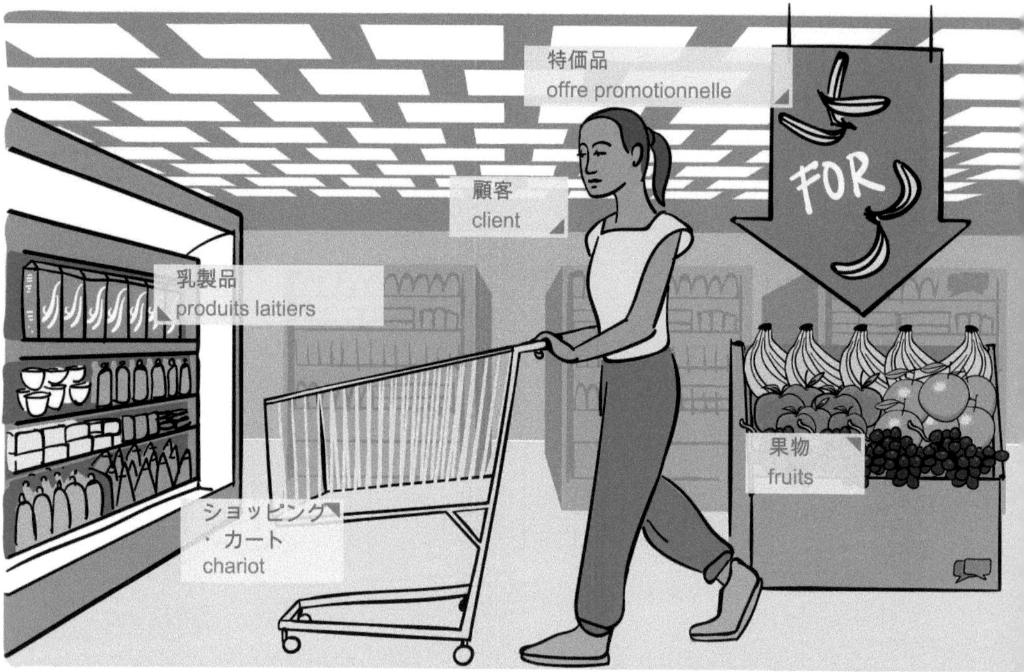

特価品
offre promotionnelle
FOR
顧客
client
乳製品
produits laitiers
ショッピング
・カート
chariot
果物
fruits

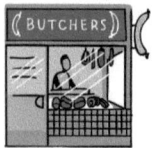

BUTCHERS

肉屋

boucherie

BAKERY

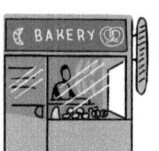

パン屋

boulangerie

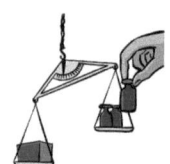

重さをはかる

peser

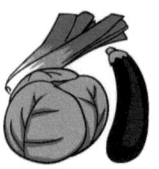

野菜

légumes

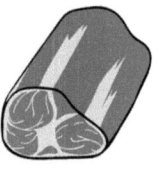

肉

viande

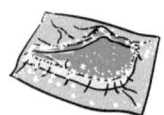

冷凍食品

aliments surgelés

冷肉の薄切り

charcuterie

缶詰食品

conserves

洗剤

poudre à lessive

菓子

bonbons

家庭用品

articles ménagers

清掃用品

détergents

販売員

vendeuse

現金箱

caisse

レジ係

caissier

買い物リスト

liste d'achats

開館時刻

heures d'ouverture

財布

portefeuille

クレジットカード

carte de crédit

バッグ

sac

ポリ袋

sac en plastique

スーパーマーケット - supermarché

水

eau

ジュース

jus de fruit

牛乳

lait

コーラ

coca

ワイン

vin

ビール

bière

アルコール

alcool

ココア

chocolat chaud

紅茶

thé

コーヒー

café

エスプレッソ

expresso

カプチーノ

cappuccino

バナナ

banane

リンゴ

pomme

オレンジ

orange

メロン

melon

レモン

citron

ニンジン

carotte

ニンニク

ail

竹

bambou

玉ねぎ

oignon

キノコ

champignon

ナッツ

noisettes

ヌードル

pâtes

スパゲッティ

spaghetti

米

riz

サラダ

salade

フライドポテト

pommes frites

フライドポテト

pommes de terre rôties

ピザ

pizza

ハンバーガー

hamburger

サンドウィッチ

sandwich

カツレツ

escalope

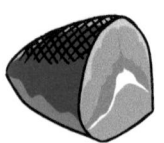

ハム

jambon

サラミ

salami

ソーセージ

saucisse

鶏肉

poulet

焼き

rôti

魚

poisson

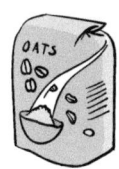

麦のお粥

flocons d'avoine

ムーズリ

muesli

コーンフレーク

cornflakes

小麦粉

farine

クロワッサン

croissant

ロールパン

petits-pains

パン

pain

トースト

pain grillé

ビスケット

biscuits

バター

beurre

カッテージチーズ

le fromage blanc

ケーキ

gâteau

卵

œuf

目玉焼き

œuf au plat

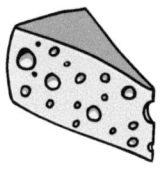

チーズ

fromage

アイスクリーム

glace

砂糖

sucre

はちみつ

miel

ジャム

confiture

ヌガークリーム

crème nougat

カレー

curry

農場
ferme

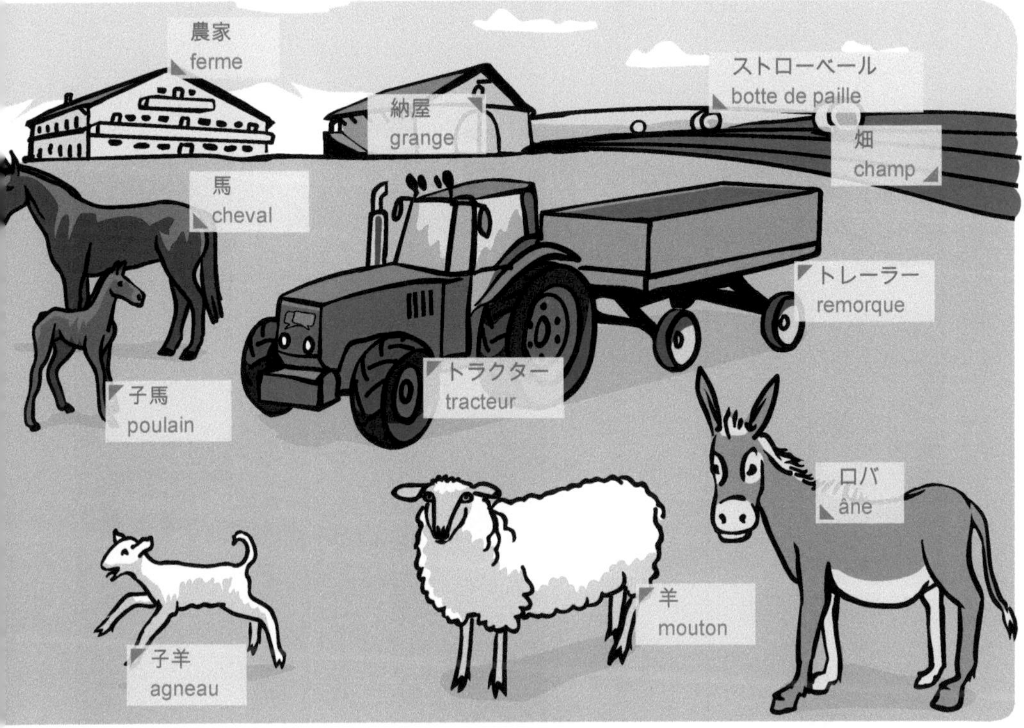
農家
ferme
納屋
grange
ストローベール
botte de paille
畑
champ
馬
cheval
トレーラー
remorque
子馬
poulain
トラクター
tracteur
ロバ
âne
羊
mouton
子羊
agneau

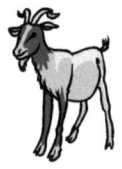

ヤギ

chèvre

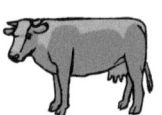

雌牛

vache

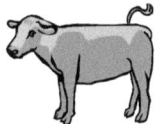

子牛

veau

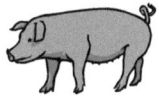

豚

porc

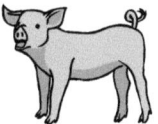

子豚

porcelet

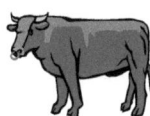

雄牛

taureau

ガチョウ

oie

アヒル

canard

ひよこ

poussin

にわとり

poule

おんどり

coq

ネズミ

rat

猫

chat

ねずみ

souris

雄牛

bœuf

犬

chien

犬小屋

chenil

散水ホース

tuyau de jardin

じょうろ

arrosoir

大鎌

faucheuse

すき

charrue

草刈り鎌

faucille

くわ

pioche

堆肥用フォーク

fourche

斧

hache

手押し車

brouette

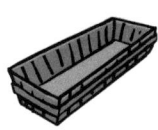

かいばおけ

cuve

牛乳缶

pot à lait

袋

sac

フェンス

clôture

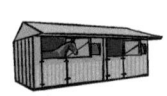

畜舎

étable

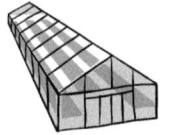

温室

serre

土壌

sol

種

semences

肥料

engrais

コンバイン

moissonneuse-batteuse

収穫する

récolter

収穫

récolte

ヤマイモ

igname

小麦

blé

大豆

soja

じゃがいも

pomme de terre

トウモロコシ

maïs

菜種

colza

果樹

arbre fruitier

キャッサバ

manioc

穀物

céréales

家
maison

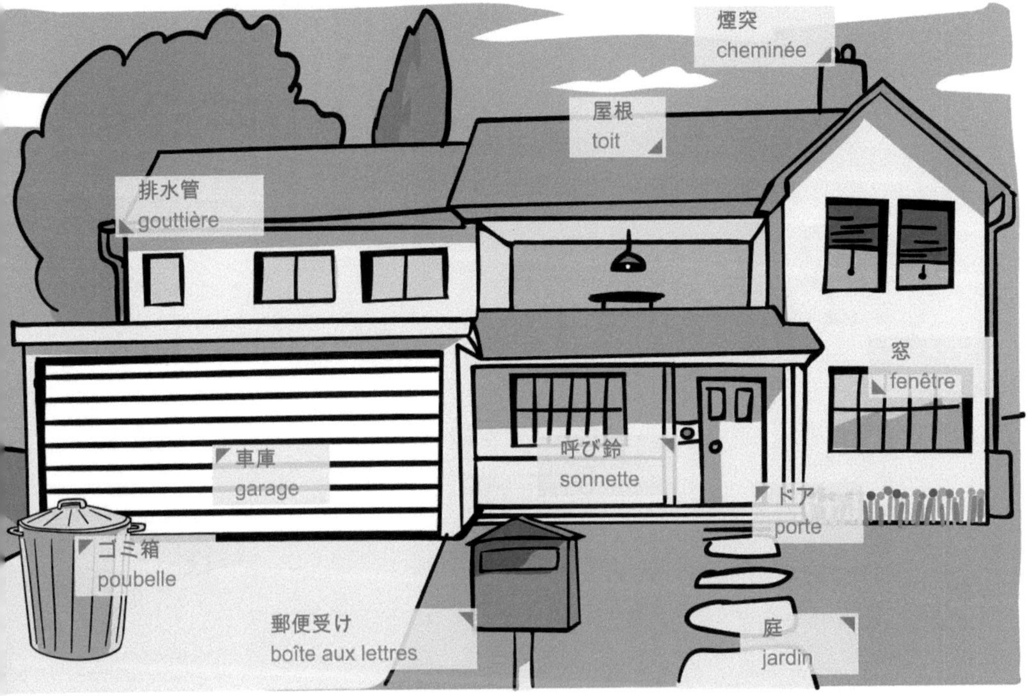
煙突
cheminée
屋根
toit
排水管
gouttière
窓
fenêtre
車庫
garage
呼び鈴
sonnette
ドア
porte
ゴミ箱
poubelle
郵便受け
boîte aux lettres
庭
jardin

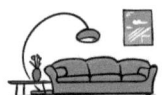

リビングルーム
salon

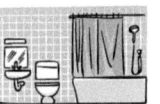

浴室
salle de bain

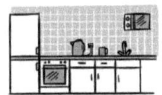

台所
cuisine

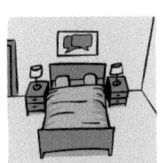

寝室
chambre à coucher

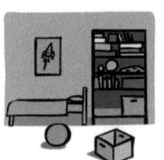

子供部屋
chambre d'enfant

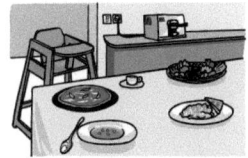

ダイニング・ルーム
salle à manger

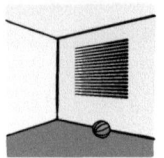

床
....
sol

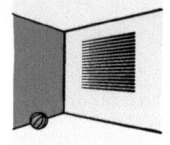

壁
....
mur

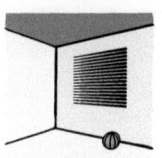

天井
....
plafond

地下貯蔵庫
....
cave

サウナ
....
sauna

バルコニー
....
balcon

テラス
....
terrasse

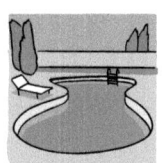

プール
....
piscine

芝刈り機
....
tondeuse à gazon

シーツ
....
housse

ベッドカバー
....
couette

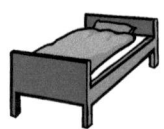

ベッド
....
lit

ほうき
....
balai

バケツ
....
sceau

スイッチ
....
interrupteur

家 - maison

リビングルーム

salon

壁紙
papier peint
絵
image
ランプ
lampe
棚
étagère
食器棚
armoire
テレビ
télé
暖炉
cheminée
花
fleur
クッション
coussin
ソファ
sofa
花瓶
vase
リモコン
télécommande

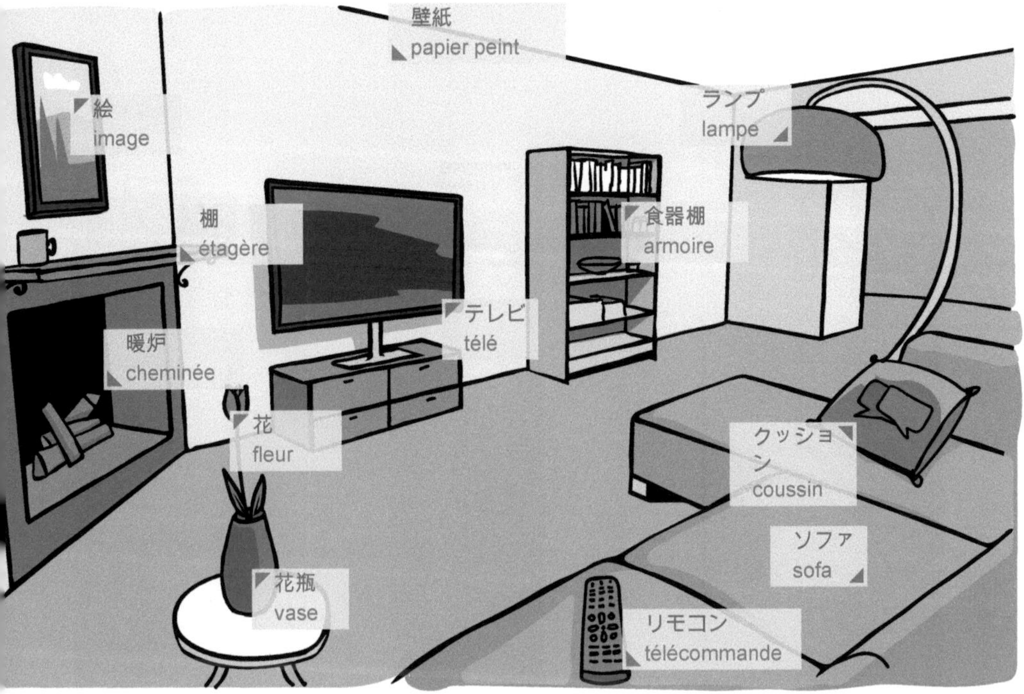

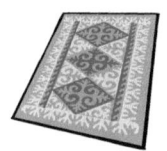

カーペット

tapis

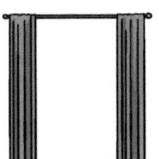

カーテン

rideau

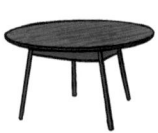

テーブル

table

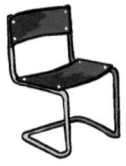

椅子

chaise

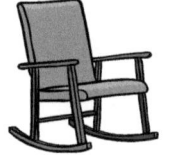

ロッキングチェア

chaise à bascule

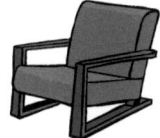

ひじ掛け椅子

fauteuil

本

livre

毛布

couverture

飾り

décoration

たきぎ

bois de chauffage

映画

film

ステレオ

chaîne hi-fi

鍵

clé

新聞

journal

絵画

peinture

ポスター

poster

ラジオ

radio

メモ帳

bloc-notes

掃除機

aspirateur

サボテン

cactus

ろうそく

bougie

台所
cuisine

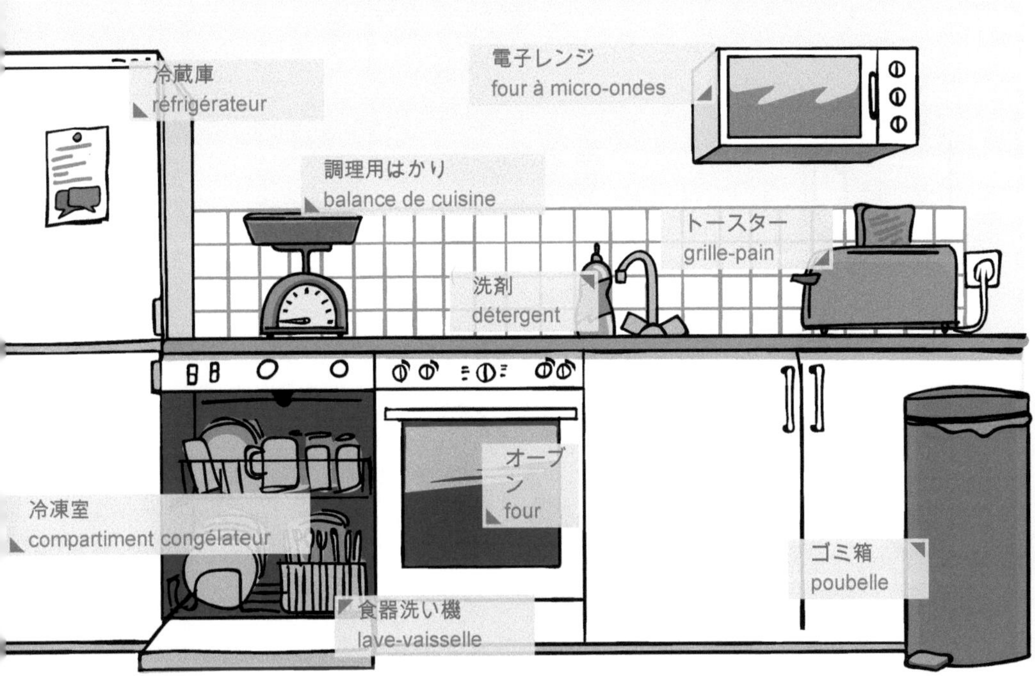
冷蔵庫
réfrigérateur
電子レンジ
four à micro-ondes
調理用はかり
balance de cuisine
トースター
grille-pain
洗剤
détergent
オーブ
ン
four
冷凍室
compartiment congélateur
ゴミ箱
poubelle
食器洗い機
lave-vaisselle

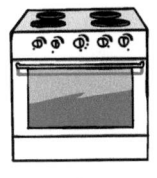

こんろ

four

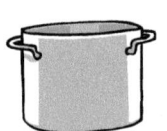

鍋

casserole

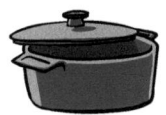

鉄鍋

marmite

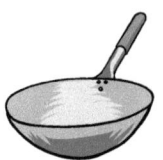

中華鍋/ カダイ鍋

wok / kadai

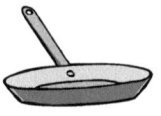

フライパン

poêle

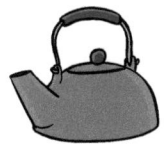

やかん

bouilloire electrique

蒸し器

cuiseur vapeur

天板

plaque de cuisson

食器

vaisselle

マグカップ

gobelet

ボウル

coupe

箸

baguettes

おたま

louche

へら

spatule

泡立て器

fouet

こし器

passoire

ふるい

tamis

すりおろし器

râpe

すり鉢

mortier

バーベキュー

barbecue

かまど

cheminée

まな板

planche à découper

麺棒

rouleau à pâtisserie

栓抜き

tire-bouchon

缶

boîte

缶切り

ouvre-boîte

鍋つかみ

maniques

流し

lavabo

ブラシ

brosse

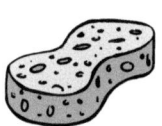

スポンジ

éponge

ミキサー

mixeur

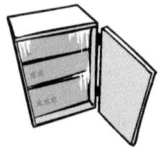

冷凍庫

congélateur

哺乳瓶

biberon

蛇口

robinet

浴室
salle de bain

ヒーター
chauffage

シャワー
douche

タオル
serviette

シャワーカーテン
rideau de douche

泡風呂
bain moussant

グラス
verre

浴槽
baignoire

洗濯機
machine à laver

蛇口
robinet

タイル
carrelage

おまる
pot

流し
lavabo

トイレ
toilettes

和式トイレ
toilette à la turque

ビデ
bidet

小便器
urinoir

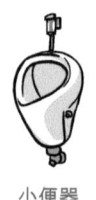

トイレットペーパー
papier toilette

トイレブラシ
brosse à toilette

歯ブラシ

brosse à dents

歯みがき

dentifrice

デンタルフロス

fil dentaire

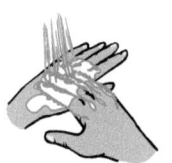

洗う

laver

シャワーヘッド

douche manuelle

ハンドビデ

douche intime

洗面台

vasque

ボディブラシ

brosse dorsale

石鹸

savon

シャワー用ジェル

gel douche

シャンプー

shampooing

浴用タオル

gant de toilette

排水口

écoulement

クリーム

crème

消臭

déodorant

鏡

miroir

手鏡

miroir cosmétique

かみそり

rasoir

シェービング・フォーム

mousse à raser

アフターシェーブローショ
ン

après-rasage

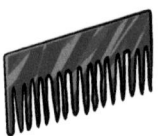

櫛

peigne

ブラシ

brosse

ドライヤー

sèche-cheveux

ヘアスプレー

laque pour cheveux

化粧

fond de teint

口紅

rouge à lèvres

マニキュア

vernis à ongles

脱脂綿

ouate

爪切り

coupe-ongles

香水

parfum

洗面用具入れ

trousse de toilette

スツール

tabouret

体重計

pèse-personne

バスローブ

peignoir

ゴム手袋

gants de nettoyage

タンポン

tampon

生理用ナプキン

serviettes hygiéniques

ケミカルトイレ

toilette chimique

子供部屋

chambre d'enfant

目覚まし
時計
réveil
ぬいぐるみ
doudou
おもちゃの自動車
voiture jouet
がらがら
hochet
ドール・ハウス
maison de poupée
プレゼント
cadeau

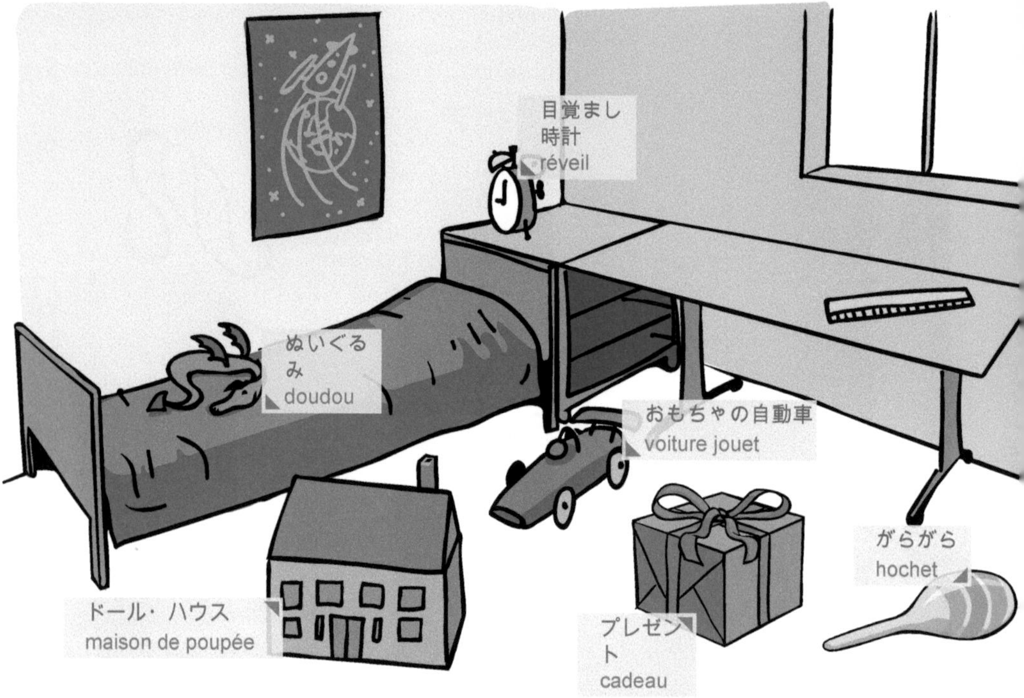

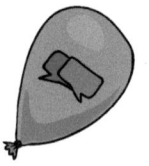

風船

ballon

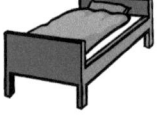

ベッド

lit

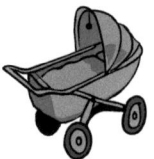

ベビーカー

poussette

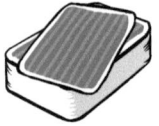

カードゲーム

jeu de cartes

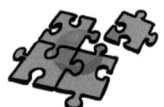

ジグソーパズル

puzzle

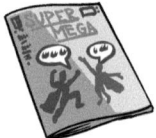

漫画

bande dessinée

レゴ

pièces lego

玩具ブロック

blocs de construction

アクションフィギュア

figurine

ロンパース

grenouillère

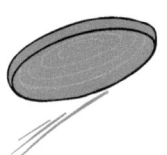

フリスビー

frisbee

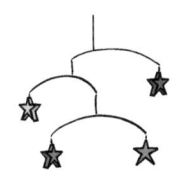

モバイル

mobile

ボードゲーム

jeu de société

さいころ

dé

鉄道模型

train miniature

おしゃぶり

sucette

パーティー

fête

絵本

livre d'images

ボール

balle

人形

poupée

遊ぶ

jouer

砂場

bac à sable

ブランコ

balançoire

おもちゃ

jouets

ゲーム機

console de jeu

三輪車

tricycle

テディベア

ours en peluche

衣装ダンス

armoire

衣服

vêtements

靴下

chaussettes

ストッキング

bas

タイツ

collant

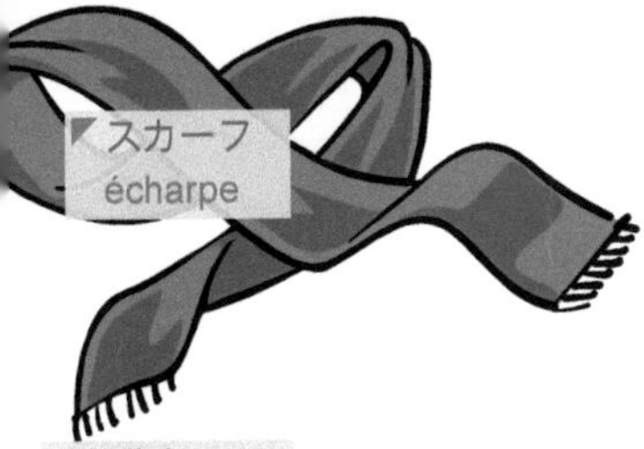

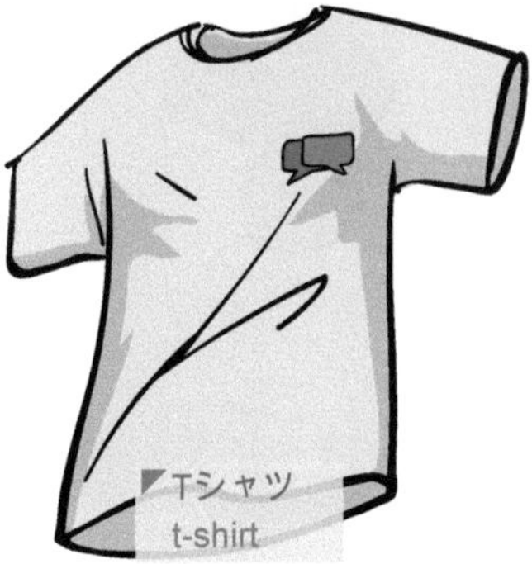

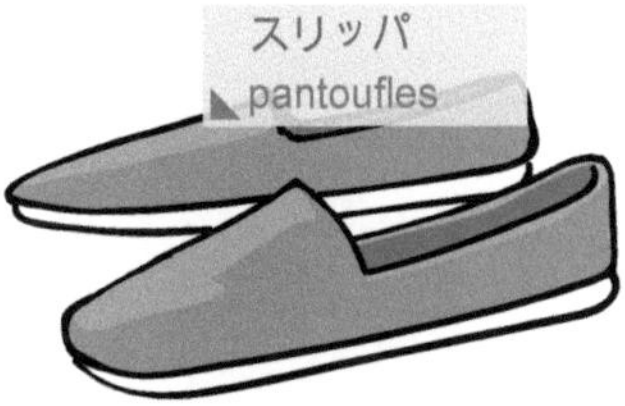

スカーフ
écharpe

ベルト
ceinture

雨傘
parapluie

Tシャツ
t-shirt

ブーツ
bottes

スリッパ
pantoufles

スニーカー
baskets

サンダル
sandales

靴
chaussures

ゴム長靴
bottes de caoutchouc

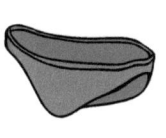

パンツ
sous-vêtements

ブラ
soutien-gorge

ベスト
maillot de corps

ボディースーツ

body

ズボン

pantalon

ジーンズ

jean

スカート

jupe

ブラウス

chemisier

シャツ

chemise

セーター

pull

パーカー

sweat à capuche

ブレザー

veste

ジャケット

veste

コート

manteau

レインコート

imperméable

服装

costume

ドレス

robe

ウェディングドレス

robe de mariée

スーツ

costume

ナイトガウン

chemise de nuit

パジャマ

pyjama

サリー

sari

ヘッドスカーフ

foulard

ターバン

turban

ブルカ

burqa

カフタン

caftan

アバヤ

abaya

水着

maillot de bain

トランクス

maillot de bain

半ズボン

short

スウェットスーツ

tenue d'entraînement

エプロン

tablier

手袋

gants

ボタン

bouton

メガネ

lunettes

ブレスレット

bracelet

ネックレス

collier

指輪

bague

イヤリング

boucle d'oreille

帽子

bonnet

ハンガー

cintre

帽子

chapeau

ネクタイ

cravate

ファスナー

fermeture éclair

ヘルメット

casque

サスペンダー

bretelles

制服

uniforme scolaire

ユニフォーム

uniforme

よだれかけ

bavoir

おしゃぶり

sucette

おむつ

lange

オフィス
bureau

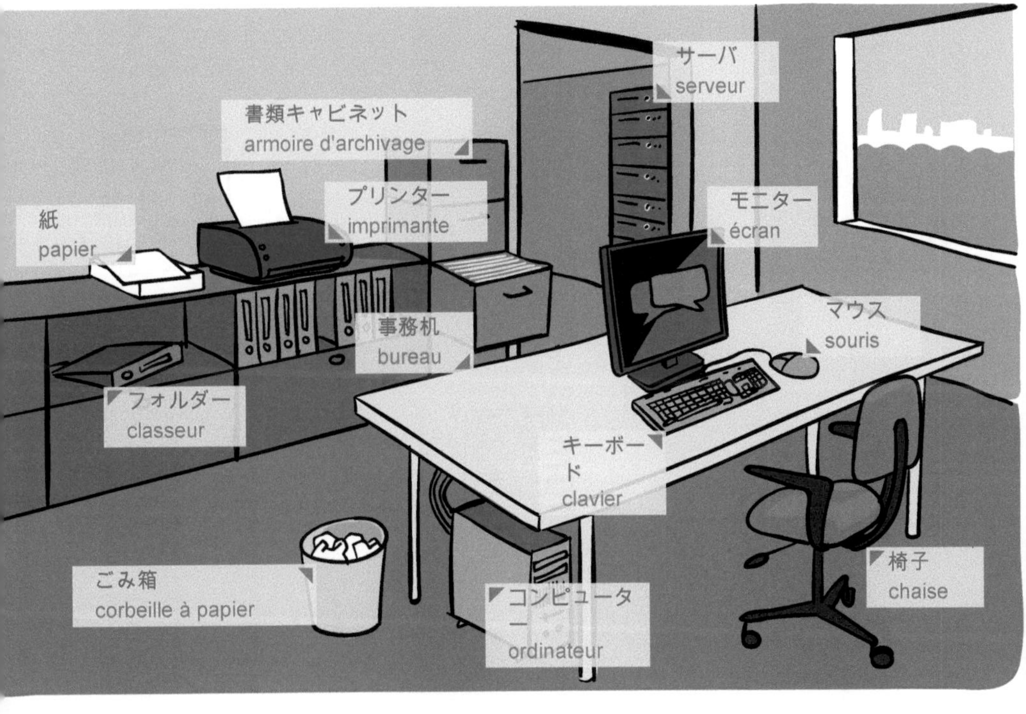

サーバ
serveur

書類キャビネット
armoire d'archivage

プリンター
imprimante

モニター
écran

紙
papier

事務机
bureau

マウス
souris

フォルダー
classeur

キーボード
clavier

ごみ箱
corbeille à papier

コンピューター
ordinateur

椅子
chaise

コーヒーマグ

tasse de café

計算機

calculatrice

インターネット

internet

ラップトップ

ordinateur portable

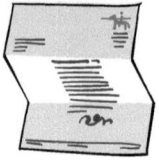

手紙

lettre

メッセージ

message

携帯電話

portable

ネットワーク

réseau

コピー機

photocopieuse

ソフトウェア

logiciel

電話

téléphone

コンセント

prise

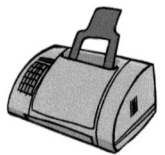

ファックス

fax

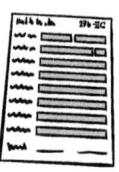

フォーム

formulaire

書類

document

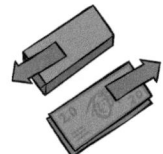

買う

acheter

支払う

payer

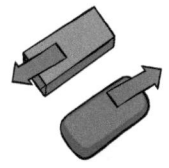

取引する

faire du commerce

お金

monnaie

ドル

dollar

ユーロ

euro

円

yen

ルーブル

rouble

スイスフラン

franc suisse

人民元

renminbi yuan

ルピー

roupie

キャッシュポイント

distributeur automatique

両替所

bureau de change

金

or

銀

argent

油

pétrole

エネルギー

énergie

価格

prix

契約

contrat

税金

taxe

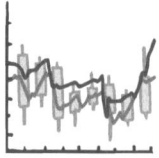

株

action

働く

travailler

従業員

employé

雇用主

employeur

工場

usine

ショップ

magasin

経済 - économie

職業

professions

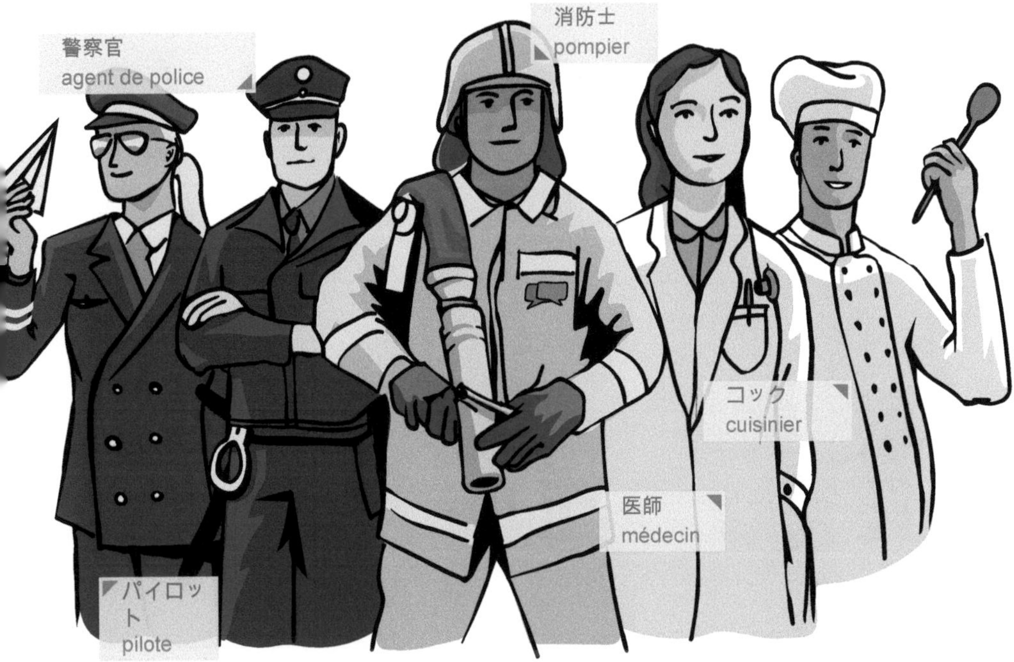

警察官
agent de police
消防士
pompier
パイロット
pilote
医師
médecin
コック
cuisinier

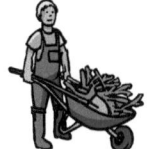

庭師

jardinier

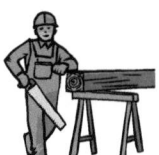

大工

menuisier

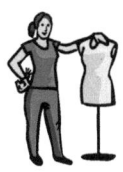

お針子

couturière

裁判官

juge

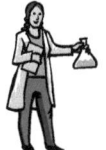

化学者

chimiste

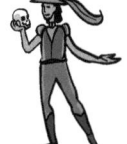

俳優

acteur

バスの運転手

conducteur de bus

タクシー運転手

chauffeur de taxi

漁師

pêcheur

掃除婦

femme de ménage

屋根ふき職人

couvreur

ウェイター

serveur

ハンター

chasseur

塗装工

peintre

パン屋

boulanger

電気工

électricien

建設作業員

ouvrier

エンジニア

ingénieur

肉屋

boucher

配管工

plombier

郵便配達人

facteur

軍人
soldat

建築家
architecte

レジ係
caissier

花屋
fleuriste

美容師
coiffeur

車掌
contrôleur

機械工
mécanicien

キャプテン
capitaine

歯科医
dentiste

科学者
scientifique

ラビ
rabbin

イスラム導師
imam

修道士
moine

牧師
prêtre

道具
outils

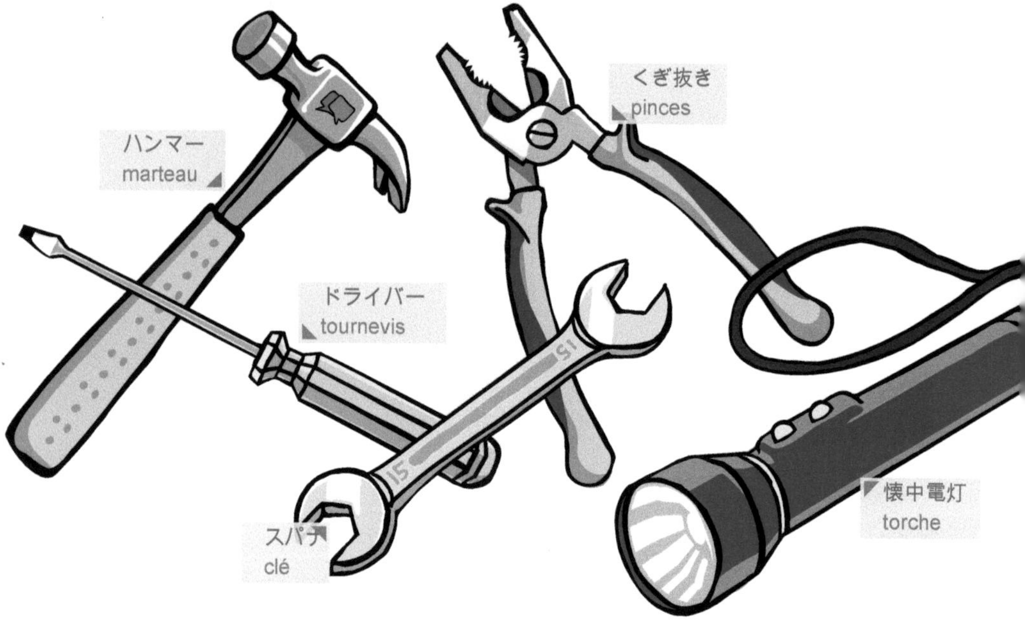
ハンマー
marteau
くぎ抜き
pinces
ドライバー
tournevis
スパナ
clé
懐中電灯
torche

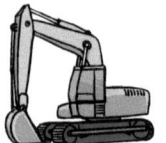

掘削機
pelleteuse

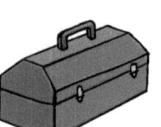

道具箱
boîte à outils

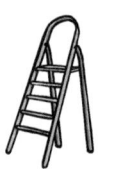

はしご
échelle

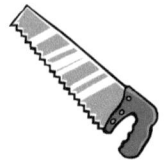

のこぎり
scie

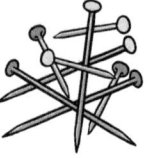

釘
clous

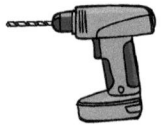

ドリル
perceuse

修理する
reparer

シャベル
pelle

クソ！
Mince !

ちりとり
pelle

ペンキ缶
pot de peinture

ネジ
vis

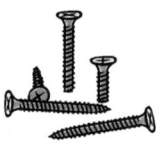

楽器

instruments de musique

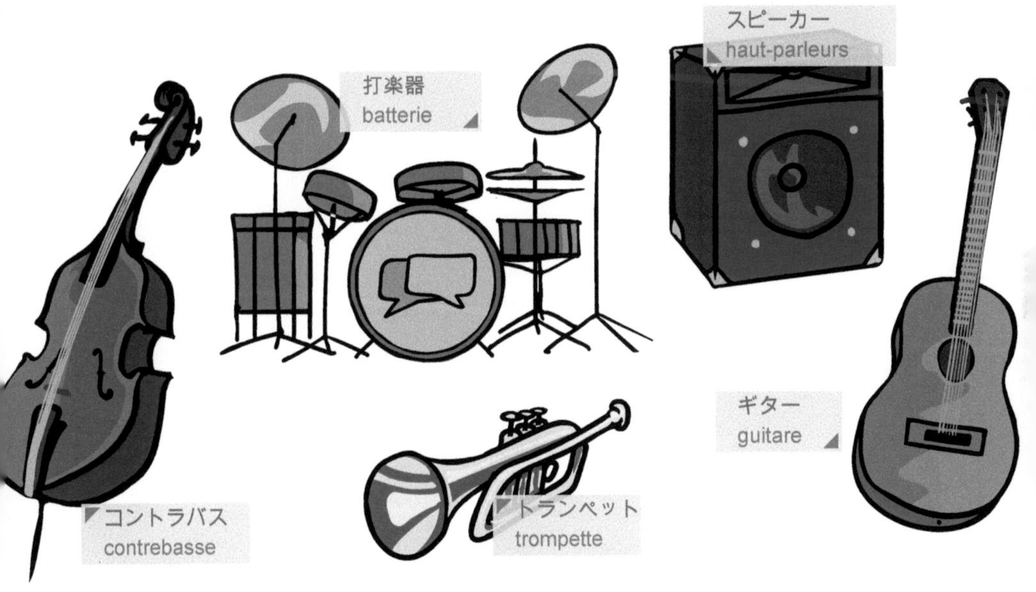

スピーカー
haut-parleurs

打楽器
batterie

ギター
guitare

コントラバス
contrebasse

トランペット
trompette

ピアノ

piano

バイオリン

violon

バス

basse

ティンパニ

timbales

ドラム

tambour

キーボード

piano électrique

サックス

saxophone

フルート

flûte

マイクロフォン

microphone

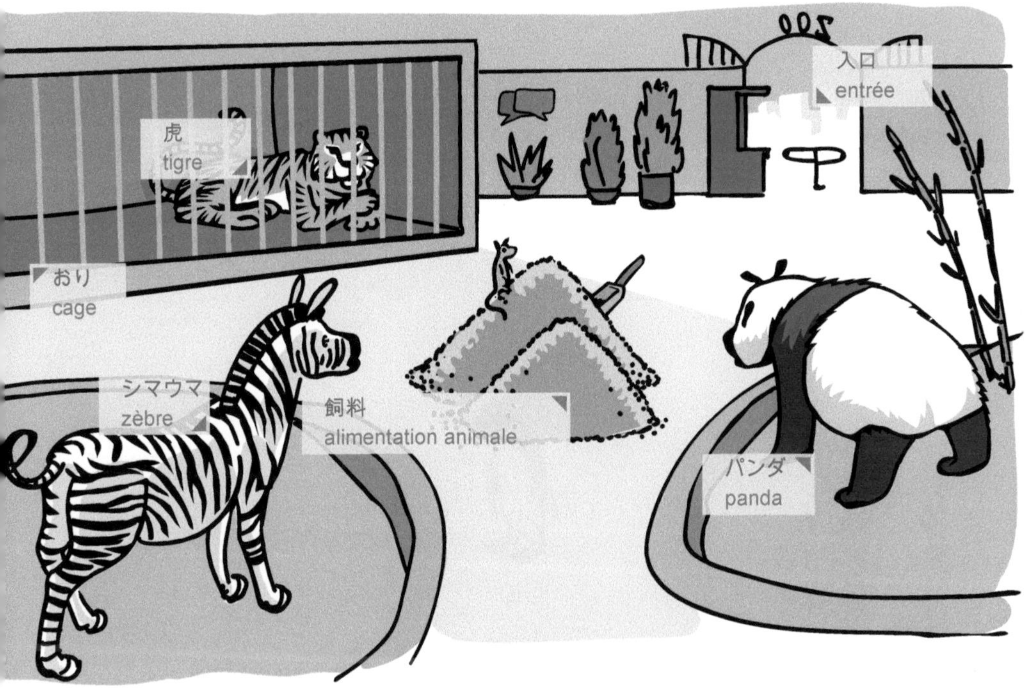
ZOO
入口
entrée
虎
tigre
おり
cage
シマウマ
zèbre
飼料
alimentation animale
パンダ
panda

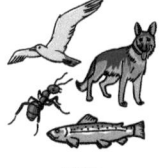

動物

animaux

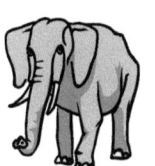

象

éléphant

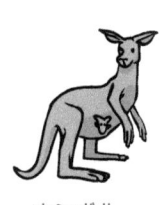

カンガルー

kangourou

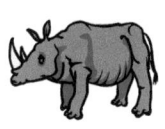

サイ

rhinocéros

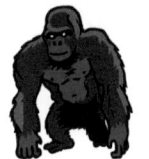

ゴリラ

gorille

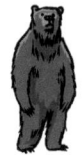

熊

ours

ラクダ

chameau

ダチョウ

autruche

ライオン

lion

猿

singe

フラミンゴ

flamand rose

オウム

perroquet

白クマ

ours polaire

ペンギン

pingouin

サメ

requin

クジャク

paon

蛇

serpent

ワニ

crocodile

飼育係

gardien de zoo

アザラシ

phoque

ジャガー

jaguar

ポニー

poney

ヒョウ

léopard

カバ

hippopotame

キリン

girafe

鷲

aigle

雄豚

sanglier

魚

poisson

亀

tortue

セイウチ

morse

狐

renard

ガゼル

gazelle

アメフト
american Football

サイクリング
cyclisme

テニス
tennis

バスケットボール
basket-ball

水泳
natation

ボクシング
boxe

アイスホッケー
hockey sur glace

サッカー

football

バドミントン

badminton

陸上競技

athlétisme

ハンドボール

handball

スキー

ski

ポロ

polo

跳ぶ
sauter

抱きしめる
embrasser

笑う
rire

歩く
marcher

歌う
chanter

祈る
prier

キス
faire la bise

夢見る
rêver

書く
écrire

描く
dessiner

示す
montrer

押す
pousser

与える
donner

取る
prendre

持っている
....
avoir

する
....
faire

ある
....
être

立つ
....
être debout

走る
....
courir

引く
....
trier

投げる
....
jeter

落ちる
....
tomber

横たわっている
....
être couché

待つ
....
attendre

運ぶ
....
porter

座る
....
être assis

着る
....
s'habiller

眠る
....
dormir

目が覚める
....
se réveiller

見る

regarder

泣く

pleurer

なでる

caresser

櫛ですく

peigner

話す

parler

理解する

comprendre

質問する

demander

聞く

écouter

飲む

boire

食べる

manger

片づける

ranger

愛する

aimer

料理する

cuire

運転する

conduire

飛ぶ

voler

ヨットに乗る

faire de la voile

計算する

calculer

読む

lire

学ぶ

apprendre

働く

travailler

結婚する

se marier

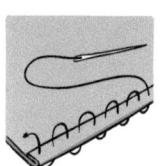

縫う

coudre

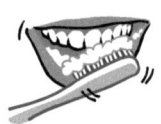

歯を磨く

brosser les dents

殺す

tuer

喫煙する

fumer

送る

envoyer

家族
famille

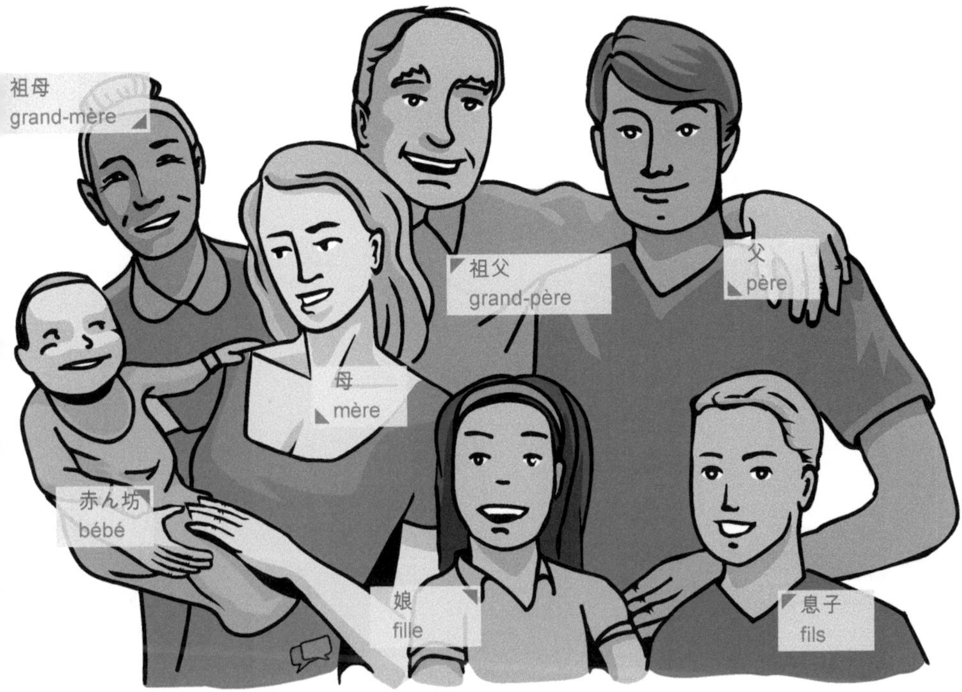
祖母
grand-mère
祖父
grand-père
父
père
母
mère
赤ん坊
bébé
娘
fille
息子
fils

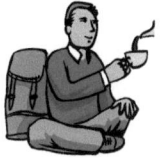

お客様
hôte

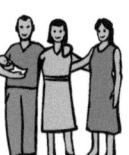

おば
tante

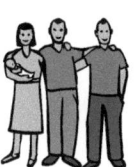

おじ
oncle

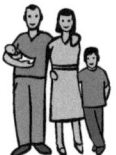

兄弟
frère

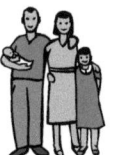

姉妹
sœur

体
corps

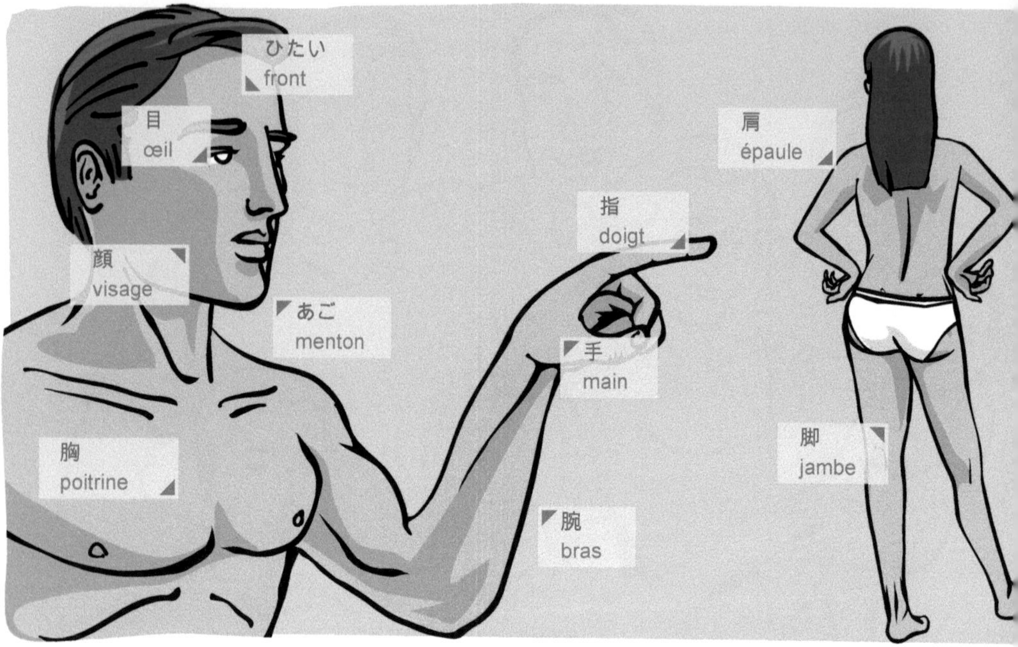

ひたい
▶ front

目
œil ◢

肩
épaule ◢

指
doigt ◢

顔
visage ◢

▶ あご
menton

▶ 手
main

胸
poitrine ◢

脚
jambe ◢

▶ 腕
bras

赤ん坊

bébé

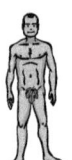

男性

homme

女性

femme

少女

fille

少年

garçon

頭

tête

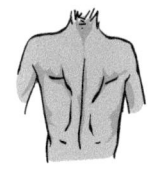

背中

dos

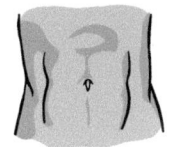

腹

ventre

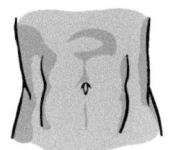

へそ

nombril

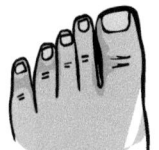

足指

orteil

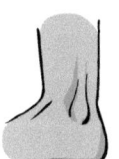

かかと

talon

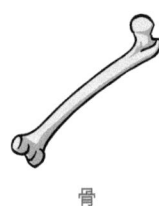

骨

os

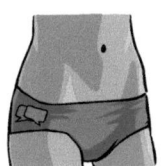

腰

hanche

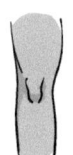

ひざ

genou

ひじ

coude

鼻

nez

尻

fesses

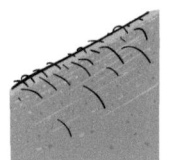

皮膚

peau

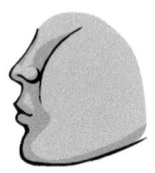

頬

joue

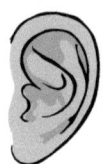

耳

oreille

唇

lèvre

口

bouche

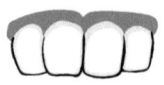

歯

dent

舌

langue

脳

cerveau

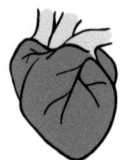

心臓

cœur

筋肉

muscle

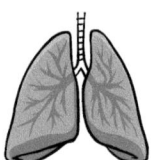

肺

poumons

肝臓

foie

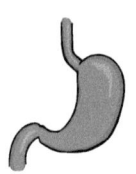

胃

estomac

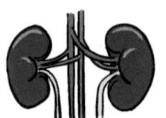

腎臓

reins

セックス

rapport sexuel

コンドーム

préservatif

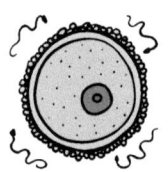

卵細胞

ovule

精液

sperme

妊娠

grossesse

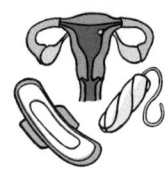

月経

menstruation

膣

vagin

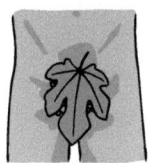

ペニス

pénis

眉

sourcil

髪

cheveux

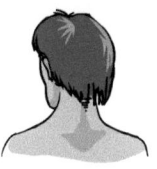

首

cou

病院
hôpital

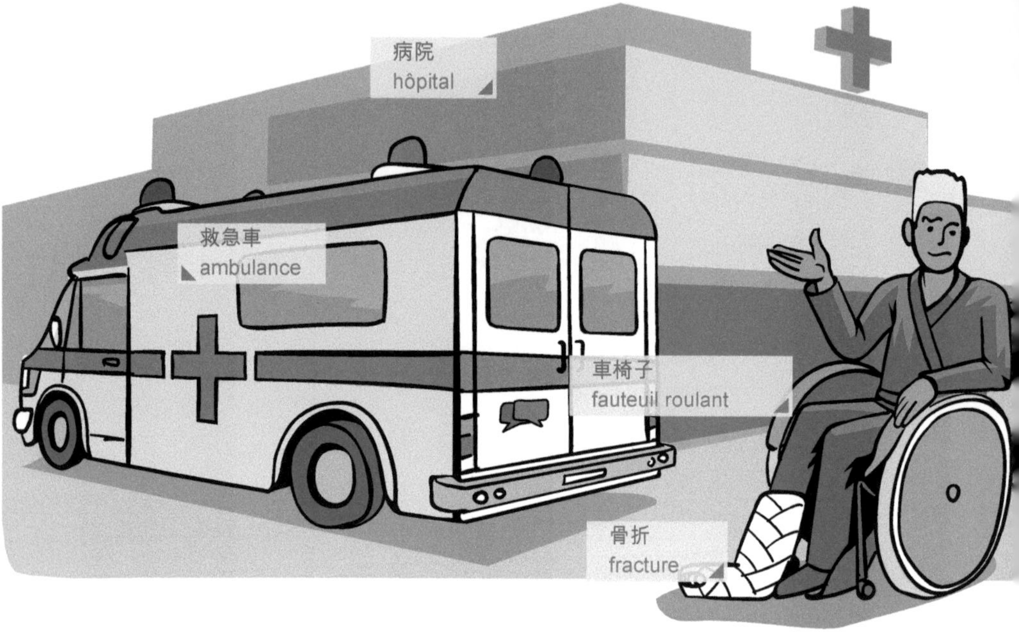

病院
hôpital
救急車
ambulance
車椅子
fauteuil roulant
骨折
fracture

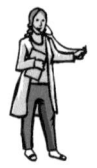

医師

médecin

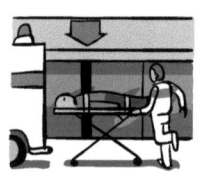

救急治療室

service des urgences

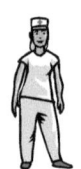

看護師

infirmière

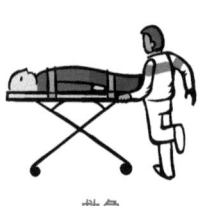

救急

urgence

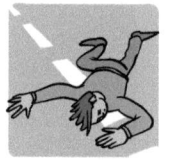

失神

inconscient

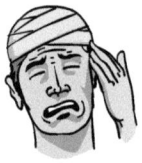

痛み

douleur

けが

blessure

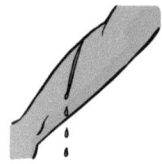

出血

hémorragie

心臓発作

crise cardiaque

脳卒中

attaque cérébrale

アレルギー

allergie

咳

toux

熱

fièvre

インフルエンザ

grippe

下痢

diarrhée

頭痛

mal de tête

癌

cancer

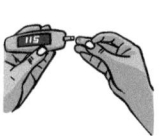

糖尿病

diabète

外科医

chirurgien

外科用メス

scalpel

手術

opération

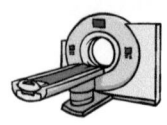

CT

CT

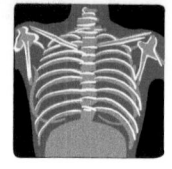

レントゲン

radiographie

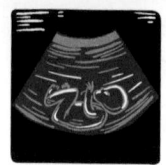

超音波

échographie

マスク

masque

病気

maladie

待合室

salle d'attente

松葉づえ

béquille

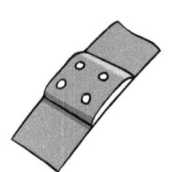

ばんそうこう

pansement

包帯

pansement

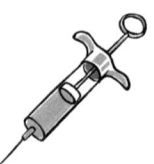

注射

injection

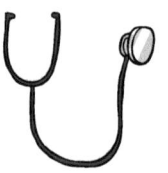

聴診器

stéthoscope

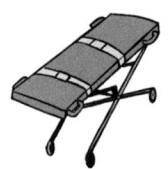

担架

brancard

体温計

thermomètre

出産

accouchement

肥満

surcharge pondérale

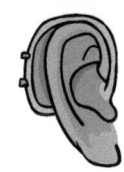

補聴器

appareil auditif

消毒剤

désinfectant

感染

infection

ウイルス

virus

HIV / エイズ

VIH / sida

内服薬

médicament

予防接種

vaccination

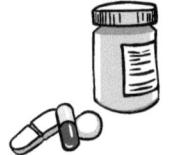

錠剤

comprimés

ピル

pilule

緊急電話

appel d'urgence

血圧計

tensiomètre

病気の / 健康な

malade / sain

病院 - hôpital

助けて！

Au secours !

アラーム

alarme

暴行

assaut

攻撃

attaque

危険

danger

非常口

sortie de secours

火事だ！

Au feu!

消火器

extincteur

事故

accident

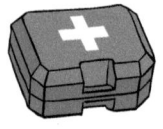

救急箱

trousse de premier secours

SOS

SOS

警察

police

ヨーロッパ

Europe

北米

Amérique du Nord

南米

Amérique du Sud

アフリカ

Afrique

アジア

Asie

オーストラリア

Australie

大西洋

Océan atlantique

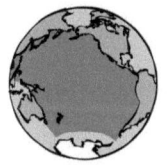

太平洋

Océan pacifique

インド洋

Océan indien

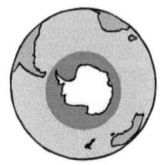

南極海

Océan antarctique

北極海

Océan arctique

北極

pôle nord

南極
pôle sud

南極大陸
Antarctique

地球
terre

陸
pays

海
mer

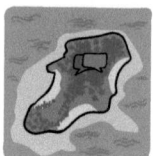

島
île

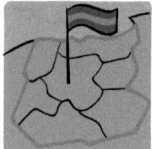

国家
nation

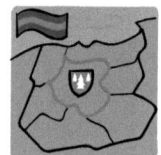

国家
état

文字盤

cadran

短針

aiguille des heures

長針

aiguille des minutes

秒針

aiguille des secondes

何時ですか？

Quelle heure est-il ?

日

jour

時間

temps

現在

maintenant

デジタル時計

montre digitale

分

minute

時間

heure

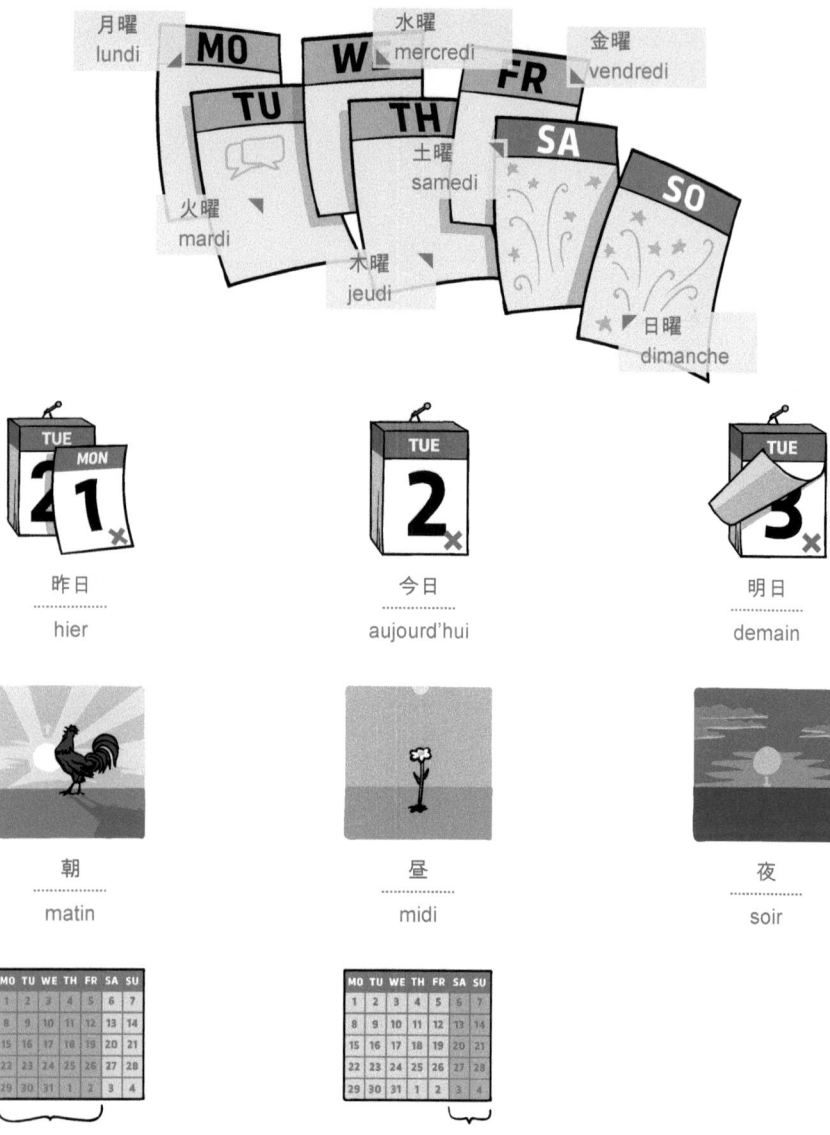

月曜
lundi

水曜
mercredi

金曜
vendredi

火曜
mardi

木曜
jeudi

土曜
samedi

日曜
dimanche

昨日
hier

今日
aujourd'hui

明日
demain

朝
matin

昼
midi

夜
soir

営業日
jours ouvrables

週末
week-end

年
année

雨
pluie
虹
arc-en-ciel
雪
neige
風
vent
春
printemps
秋
automne
夏
été
冬
hiver

4.APRIL 11°
5.APRIL 4°
6.APRIL 13°
7.APRIL 8°
8.APRIL 10°

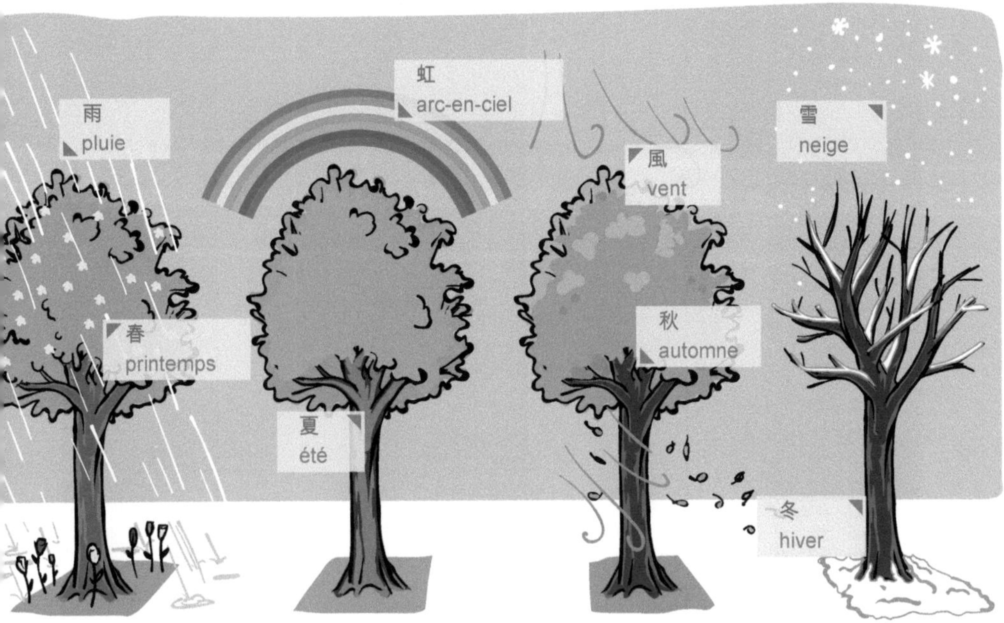

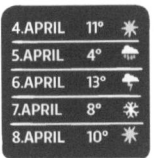

天気予報

météo

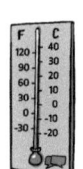

温度計

thermomètre

日差し

lumière du soleil

雲

nuage

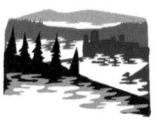

霧

brouillard

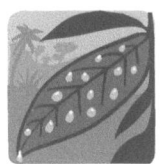

湿度

humidité

雷

foudre

雷

tonnerre

嵐

tempête

ひょう

grêle

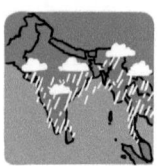

季節風

mousson

洪水

inondation

氷

glace

1月

janvier

2月

février

3月

mars

4月

avril

5月

mai

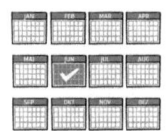

6月

juin

7月

juillet

8月

août

年 - année

9月

septembre

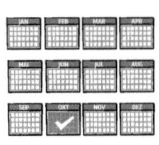

10月

octobre

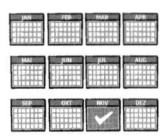

11月

novembre

12月

décembre

形
formes

円

cercle

正方形

carré

長方形

rectangle

三角

triangle

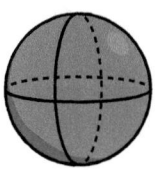

球

sphère

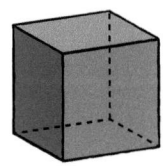

立方体

cube

couleurs

白
blanc

黄
jaune

オレンジ
orange

ピンク
rose

赤
rouge

紫
violet

青
bleu

緑
vert

茶
marron

灰色
gris

黒
noir

多い / 少ない

beaucoup / peu

怒っている /
落ち着いている
fâché / calme

美しい / 醜い

joli / laid

初め / 終わり

début / fin

大きい / 小さい

grand / petit

明るい / 暗い

clair / obscure

兄弟 / 姉妹

frère / soeur

清潔な / 汚い

propre / sale

完全な / 不完全な

complet / incomplet

日中 / 夜

jour / nuit

死んだ / 生きている

mort / vivant

幅広い / 狭い

large / étroit

食べられる　/
食べられない
comestible / incomestible

悪意のある　/　親切な
méchant / gentil

興奮している　/
退屈じている
excité / ennuyé

太った　/　痩せた
gros / mince

最初に　/　最後に
premier / dernier

友人　/　敵
ami / ennemi

いっぱいの　/　空の
plein / vide

硬い　/　柔らかい
dur / souple

重い　/　軽い
lourd / léger

空腹　/　喉の渇き
faim / soif

病気の　/　健康な
malade / sain

違法な　/　合法な
illégal / légal

賢い　/　愚かな
intelligent / stupide

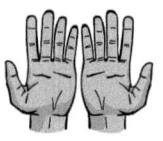

左に　/　右に
gauche / droite

近い　/　遠い
proche / loin

新しい / 中古の

nouveau / usé

何もない / 何かある

rien / quelque chose

老いた / 若い

vieux / jeune

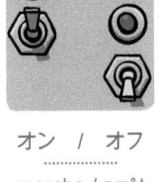

オン / オフ

marche / arrêt

開いている /
閉まっている

ouvert / fermé

静かな / うるさい

faible / fort

裕福な / 貧乏な

riche / pauvre

正しい / 間違っている

correct / incorrect

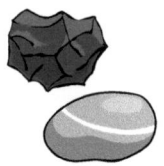

粗い / なめらか

rugueux / lisse

悲しい / 幸せな

triste / heureux

短い / 長い

court / long

ゆっくり / 速い

lent / rapide

濡れた / 乾いた

mouillé / sec

温かい / 冷たい

chaud / froid

戦争 / 平和

guerre / paix

数

nombres

0

ゼロ
....
zéro

1

1
....
un / une

2

2
....
deux

3

3
....
trois

4

4
....
quatre

5

5
....
cinq

6

6
....
six

7

7
....
sept

8

8
....
huit

9

9
....
neuf

10

10
....
dix

11

11
....
onze

12

12

douze

13

13

treize

14

14

quatorze

15

15

quinze

16

16

seize

17

17

dix-sept

18

18

dix-huit

19

19

dix-neuf

20

20

vingt

100

100

cent

1.000

1000

mille

1.000.000

100万

million

英語

anglais

アメリカ英語

anglais américain

中国標準語

chinois mandarin

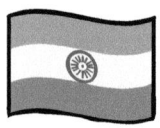

ヒンディー語

hindi

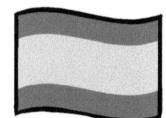

スペイン語

espagnol

フランス語

français

アラビア語

arabe

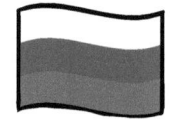

ロシア語

russe

ポルトガル語

portugais

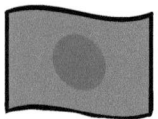

ベンガル語

bengali

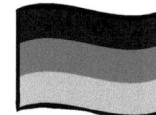

ドイツ語

allemand

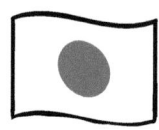

日本語

japonais

私
je

あなた
tu

彼 / 彼女 / それ
il / elle / ce, c', cela

私たち
nous

あなたたち
vous

彼ら
ils / elles

誰 ?
Qui ?

何 ?
Quoi ?

どうやって ?
Comment ?

どこ ?
Où ?

いつ ?
Quand ?

名前
nom

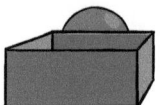

後ろ

derrière

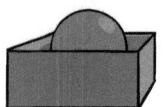

中

dans

前

devant

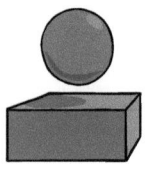

上

au-dessus

上

sur

下

en-dessous

横

à côté de

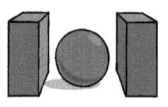

間

entre

場所

lieu